LES SERPENTS

Conçu et écrit par **Lucy Baker**

Consultant Vic Taylor,
*Départment de l'Education, Société Britannique
d'Herpétologie, Londres*

Scholastic-TAB Publications Ltd.
123 Newkirk Road, Richmond Hill, Ontario, Canada

Copyright © Two-Can Publishing Ltd., 1990

Copyright © Editions Bias 1990, pour le texte français.

Tous droits réservés.

ISBN 0-590-73522-5

Titre original: Snakes

Edition originale publiée par Two-Can Publishing Ltd., Londres, 1990.
Cette édition publiée par Scholastic-TAB Publications Ltd.,
123 Newkirk Road, Richmond Hill, Ontario, Canada L4C 3G5.

4321   Imprimé au Portugal   01234/9

Crédits Photos:
Couverture: J. Carmichael/NHPA p.4 Jean-Paul Ferrero/Ardea p.5 Nick Gordon/Ardea p.6 (h.) M. Morcombe/NHPA (b.) Anthony Bannister/NHPA p.7 Ivan Polunin/
NHPA (b.) John Visser/Bruce Coleman p.8 Rod Borland/Bruce Coleman p.9 Ian Beames/Ardea p.10 Anthony Bannister/NHPA p.11 Elizabeth Burgess/Ardea p.12 (h.)
Norman Myers/Bruce Coleman (b.) Martin Wendler/NHPA p.13 Ken Fink/Ardea p.14 John Visser/Bruce Coleman p.15 (h.) Gunter Ziesler/Bruce Coleman (b.)
Hanse Judy Beste/Ardea p.16-17 Michael Fogden/Bruce Coleman p.18 Martin Wendler/NHPA p.19 Hans Schmied/ZEFA.

Crédits Illustrations:
p.4-19 David Cook/Linden Artists p.20-21 Stephen Lings/Linden Artists p.24-25 Malcolm Livingstone p.26-30 David Astin/Linden Artists p.31 Alan Rogers

SOMMAIRE

OBSERVONS LES SERPENTS

De tous temps, partout dans le monde, les hommes ont été à la fois fascinés et effrayés par les serpents. Si certains sont effectivement dangereux, car ils empoisonnent leurs victimes en leur inoculant leur venin, la plupart d'entre eux cependant sont inoffensifs pour les humains.

Les serpents sont des reptiles et leurs plus proches parents sont les lézards, les tortues et les crocodiles. Ils existaient déjà il y a plus de 100 millions d'années, au temps des dinosaures.

Les serpents n'ont pas de pattes. Ils n'ont qu'une tête, un corps et une queue. Comme tous les autres reptiles, les serpents sont recouverts d'écailles qui les protègent de la chaleur desséchante. Les écailles des serpents ressemblent à celles des poissons. Cependant, alors que celles des poissons sont attachées à leur peau, celles des serpents y sont intégrées.

◄ Le python d'Australie représenté sur cette photo est bien plus grand qu'un homme. Le serpent le plus long qu'on ait jamais observé était un python réticulé mesurant 10 mètres.

► Les couleurs et les motifs des écailles des serpents servent à les différencier les uns des autres. La couleur vert clair de ce boa arboricole le rend difficile à discerner dans sa forêt tropicale.

L'HABITAT DES SERPENTS

Les serpents ne peuvent survivre dans des régions froides comme les Pôles, et curieusement il n'y a pas de serpents en Irlande ou en Nouvelle-Zélande. Mais on peut les trouver dans bien d'autres endroits du monde.

De nombreux serpents vivent dans des rochers ou dans l'herbe, tout simplement. D'autres sont plus particuliers.

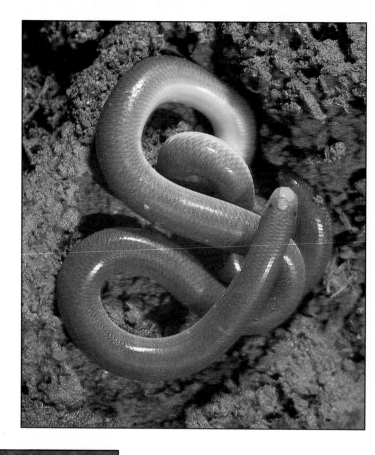

▼ DANS L'EAU

Il existe des serpents qui vivent dans l'eau. Les serpents d'eau vont pêcher les poissons sous l'eau, mais ils remontent régulièrement à la surface pour respirer. Leur morsure est très venimeuse, mais ils n'attaquent l'homme que très rarement. Le serpent marin jaune et noir possède une queue aplatie qui lui sert pour nager.

▲ SOUS TERRE

Certains serpents vivent sous terre. On les appelle les serpents fouisseurs. Ils sont en général assez petits et leur peau écailleuse est lisse et brillante. Les serpents fouisseurs se nourrissent de petits insectes et de vers. Le serpent fouisseur ci-dessus est appelé serpent aveugle. La vue n'est pas très importante pour les serpents fouisseurs, car il fait sombre dans leur habitat souterrain.

◀ DANS LES ARBRES

Certains serpents vivent perchés dans des arbres. La plupart sont longs et minces. Ils sont de couleur verte ou marron afin de se confondre avec les branches. Ainsi le serpent-fouet de la photo ci-contre. Ils ont en général une bonne vue et certains ont une tête très pointue, ce qui leur permet de voir leur proie avec les deux yeux.

▶ DANS LE DESERT

Le serpent est l'une des rares créatures capables de survivre dans un climat désertique. Les serpents du désert sont généralement courts et trapus. Leurs corps sont couverts d'écailles rugueuses qui leur permettent de se mouvoir facilement dans le sable. Les serpents du désert, comme cette vipère à cornes du Sahara, s'aplatissent et rampent sous le sable, en ne laissant dépasser que leurs yeux et leurs narines. La plupart des serpents du désert dorment à l'ombre pendant le jour pour éviter la chaleur du soleil et chassent la nuit.

LES SERPENTS SE DEPLACENT

A moins d'y être obligés, les serpents ne se déplacent pas. Un serpent qui se déplace est à la recherche de sa nourriture ou vient d'être dérangé. Certains serpents s'enfouissent aussi sous terre pour se protéger de la chaleur ou du froid, et peuvent rester cachés ainsi pendant plusieurs mois.

Dépourvus de jambes ou de bras, les serpents semblent se mouvoir comme par magie. En fait, ils se déplacent en accrochant leurs écailles à des parties rugueuses du sol pour avoir une prise, puis en actionnant les muscles de leur corps. Les serpents peuvent avoir jusqu'à 24 muscles attachés à chaque vertèbre !

Lorsqu'ils sont sur un terrain mouvant, les serpents se déplacent latéralement. Ils lancent la tête de côté, puis le corps suit en une boucle. Le serpent avance perpendiculairement aux traces qu'il laisse dans le sable.

Pour grimper aux arbres, les serpents ancrent la moitié inférieure de leur corps couvert d'écailles au tronc, puis ils hissent leur tête. Une fois qu'elle a une prise, c'est le ventre et la queue qui grimpent.

◀ Observe la façon de progresser de ce serpent du désert. Il laisse une trace en "J" sur le sable.

▲ La plupart des serpents savent un peu nager, un peu grimper, et un peu creuser. Cette couleuvre d'Europe nage dans un étang.

LE SAVAIS-TU ?

Les serpents sont des animaux à sang froid : ils ne peuvent pas contrôler la température de leur corps aussi s'étendent-ils au soleil pour se réchauffer.

Si l'on met un serpent sur une surface polie, il s'agite frénétiquement, car il n'a pas de prise sur la surface glissante.

Quand ils ont trop chaud, les serpents se cachent sous des rochers, ou s'enterrent pour se rafraîchir.

LES SERPENTS SE REPRODUISENT

La plupart des serpents s'accouplent une ou deux fois par an. Les serpents des pays tempérés s'accouplent au printemps ou au début de l'été. Cela leur donne le temps d'avoir leurs petits avant l'hiver.

Les serpents des pays chauds et tropicaux peuvent s'accoupler toute l'année, mais ils le font souvent après les grosses pluies, quand la nourriture est abondante.

Quand il a trouvé une compagne, le serpent mâle frotte son menton sur la partie inférieure de son corps.

Si la femelle est consentante, leurs queues s'entremêlent et la semence du mâle pénètre dans le ventre de la femelle. Les serpents peuvent rester accouplés pendant plusieurs heures, et le mâle doit aller partout où va la femelle.

La plupart des serpents femelles pondent des œufs. Les œufs sont pondus sous forme d'une masse collante sur de la végétation en décomposition. Habituellement ils sont de couleur blanche ou crème, et leur surface est bosselée ou granuleuse. Ils sont de forme oblongue, et non ovale, comme les œufs de poule.

▼ Les bébés serpents découpent leur coquille avec une dent spéciale qu'ils perdent par la suite. Cette photo montre l'éclosion de l'œuf d'un Mamba vert.

▲ Les serpents se rassemblent souvent en très grand nombre durant la saison des amours. Les serpenteaux de la photo ci-dessus ne sont âgés que d'un jour.

Les œufs ont une coquille souple qui continue à grossir pendant un certain temps. Le petit serpent se développe en mangeant les substances contenues dans l'œuf, ce qui le fait rétrécir, après quoi l'œuf éclot.

Certains serpents sont vivipares, c'est-à-dire qu'ils naissent tout prêts et pas dans un œuf. Les serpents d'eau, qui ne sont pas adaptés à la vie sur terre donnent naissance à leurs petits dans l'eau.

A la différence de nombreux animaux, les serpents ne vivent pas en famille. Les serpenteaux sont indépendants de leurs parents dès la naissance, et doivent apprendre à survivre.

Les petits ressemblent en général à leurs parents, mais certains naissent avec une couleur différente qui change en grandissant.

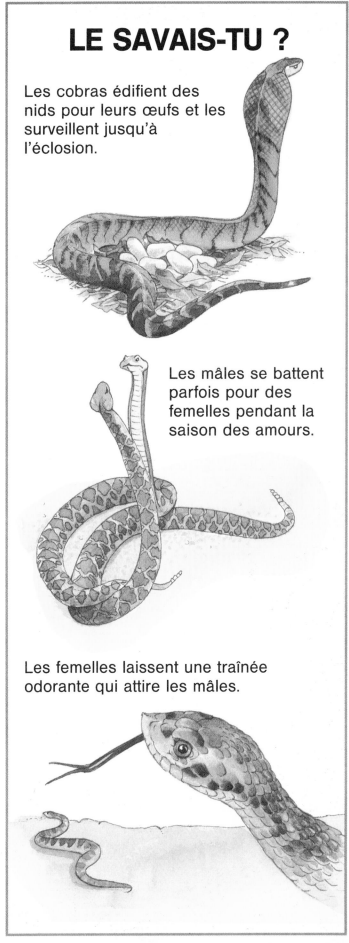

LE SAVAIS-TU ?

Les cobras édifient des nids pour leurs œufs et les surveillent jusqu'à l'éclosion.

Les mâles se battent parfois pour des femelles pendant la saison des amours.

Les femelles laissent une traînée odorante qui attire les mâles.

LES SERPENTS GRANDISSENT

Dans les premiers jours qui suivent leur naissance, les serpents font une chose incroyable : ils changent de peau. Les serpents changent de peau quand ils grandissent, comme nous changeons de vêtements. On appelle cela la mue. Les serpents muent généralement tous les deux mois, mais en veillissant ils muent de moins en moins souvent. Les femelles muent souvent avant la saison des amours.

Certains signes indiquent qu'un serpent s'apprête à muer : un liquide laiteux, secrété sous sa peau, rend ses yeux troubles et ses écailles ternes. Puis les yeux deviennent à nouveau transparents, et la mue s'effectue : le serpent se débarrasse de sa vieille peau en frottant son corps contre une surface rugueuse. Par dessous, la nouvelle peau est propre et brillante.

▲ La vipère de la photo ci-dessus a presque fini sa mue. Observe la vieille peau qui « s'épluche » de son corps. Souvent la vieille peau se détache en un seul morceau, de la tête à la queue.

◄ Les yeux de cet anaconda sont troubles car il se prépare à muer. A ce moment-là il reste caché, car il ne voit pas bien.

LA SURVIE

Sur 10 qui naissent, 8 serpenteaux mourront avant d'atteindre l'âge adulte. De nombreux oiseaux et animaux mangent les serpents ; certains oiseaux comme le serpentaire ou le calao sont d'experts chasseurs de serpents.

Les serpents ne sont pas des animaux agressifs, et ils tendent plutôt à s'enfuir devant leurs ennemis au lieu de les affronter. La plupart des serpents ont un « camouflage » naturel qui les rend difficiles à distinguer au sein de leur habitat. S'ils doivent affronter leurs ennemis, les serpents ont une tactique de défense très spéciale : certains s'enroulent sur eux-mêmes, et font les morts, d'autres s'enflent pour paraître plus agressifs, et enfin, en dernier ressort, ils mordent leurs ennemis à maintes reprises.

▲ Les serpents à sonnettes secouent leur queue en émettant une sorte de vrombissement qui éloigne leurs ennemis. Le crotale photographié ci-dessus est le serpent le plus dangereux qui existe aux Etats-Unis.

LE SAVAIS-TU ?

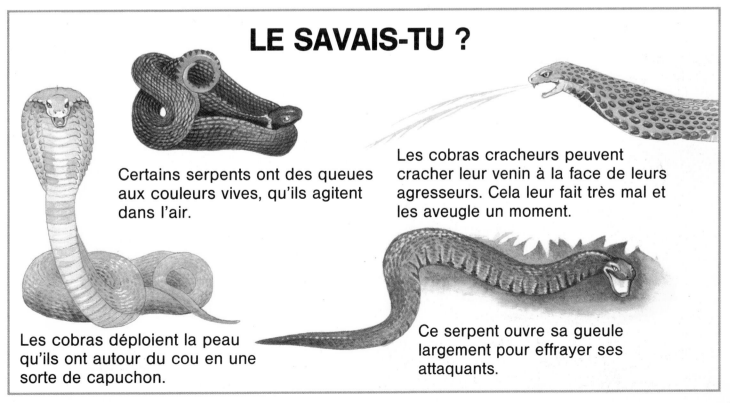

Certains serpents ont des queues aux couleurs vives, qu'ils agitent dans l'air.

Les cobras cracheurs peuvent cracher leur venin à la face de leurs agresseurs. Cela leur fait très mal et les aveugle un moment.

Les cobras déploient la peau qu'ils ont autour du cou en une sorte de capuchon.

Ce serpent ouvre sa gueule largement pour effrayer ses attaquants.

MORDRE POUR MANGER

En dépit de leur vue et de leur ouïe faibles, les serpents sont de bons chasseurs, même dans l'obscurité. Leur langue très mobile capte la moindre particule odorante en suspension dans l'air. Certains serpents ressentent la chaleur résiduelle de leurs proies.

A part les quelques serpents qui ne mangent que des œufs, la plupart des serpents sont carnivores. Certains mangent à peu près n'importe quoi, tandis que d'autres sont plus difficiles. Le cobra royal mange d'autres serpents. Certains ne mangent que du poisson. Beaucoup aiment les petits rongeurs, tels les souris et les rats.

Les serpents ne mâchent pas leur nourriture. Ils avalent tout rond. Leurs mâchoires spécialement conçues pour cela peuvent s'ouvrir de façon spectaculaire.

▼ Les serpents mangeurs d'œufs les gobent d'abord tout entiers, puis les écrasent pour en manger l'intérieur. Ensuite ils recrachent la coquille.

▲ Cet énorme python est en train d'avaler la gazelle qu'il a étouffée. Regarde comme il élargit sa gueule pour engloutir sa proie.

► Lorsqu'ils ont avalé une grosse proie, les serpents peuvent rester immobilisés pendant des semaines, car ils sont trop gros pour bouger. Cela en fait des proies faciles pour les aigles ou d'autres mangeurs de serpents.

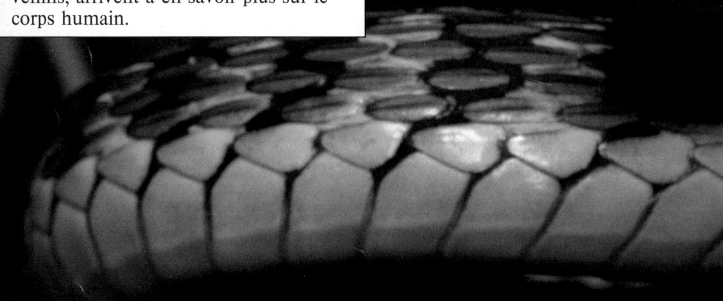

SERPENTS VENIMEUX

Les serpents venimeux sont différents des autres. Ils ont des crochets - de longues dents creusées d'un canal, qui injectent du poison ou venin. Les crochets peuvent être situés à l'arrière ou à l'avant de la mâchoire. Le serpent venimeux ci-contre possède des crochets à l'arrière. Les vipères, les plus dangereux des serpents, possèdent des crochets à l'avant qu'elles replient lorsqu'elles ne s'en servent pas. Un quart seulement des serpents sont venimeux, et la plupart d'entre eux ne sont pas dangereux pour l'homme.

Les serpents venimeux foncent sur leurs victimes de façon très subite et leur injectent suffisamment de venin pour les tuer ou les paralyser.

Les venins des serpents sont de différentes natures : certains affectent le sang, d'autres le système nerveux. Les scientifiques, en étudiant les effets des venins, arrivent à en savoir plus sur le corps humain.

▲ La vipère à cornes représentée ci-dessus est en train d'avaler une grenouille. Ses crochets sont très visibles.

ÉTOUFFER POUR TUER

Outre les serpents venimeux, il existe d'autres serpents qui peuvent être dangereux. On les appelle constrictors. Les boas et les pythons sont constrictors, de même que les anacondas. Ce sont les géants du monde des serpents.

Ils tuent leurs proies en les saisissant d'abord dans leurs mâchoires puis en s'enroulant autour d'elles en nœuds serrés. Ils ne font pas cela pour les écraser ou leur briser les os, mais pour les étouffer.

Les constrictors les plus vigoureux peuvent tuer plusieurs animaux à la fois.

La plupart des serpents ne sont ni venimeux ni constrictors. Ils avalent leurs proies vivantes, ou les trouvent déjà mortes.

▼ L'anaconda de la photo ci-dessous a attrapé un crocodile et est en train de l'étouffer. Une fois le crocodile mort, l'anaconda l'avalera tout entier. On trouve des anacondas dans les forêts tropicales d'Amérique du Sud.

LES SERPENTS ET L'HOMME

Les serpents ont mauvaise réputation depuis toujours à cause du petit nombre d'entre eux qui sont dangereux pour l'homme. Environ 10 000 personnes meurent de morsures de serpents chaque année.

Parmi les serpents mortellement dangereux on peut citer : le cobra royal et la vipère du Russell aux Indes ; le serpent-corail, le serpent à sonnettes et la vipère fer-de-lance en Amérique du Sud ; la vipère heurtante et le cobra d'Egypte en Afrique ; la vipère de la mort et le serpent noir en Australie ; le crotale des Etats-Unis.

▼ Des charmeurs de serpents se produisent dans les rues de certains pays d'Asie et d'Afrique. Ils utilisent souvent des cobras, mais leur retirent leurs crochets afin qu'ils ne puissent pas inoculer leur poison mortel.

SI TU ES DANS UNE REGION A SERPENTS...

Porte des chaussures, des chaussettes et des pantalons.

Ne soulève pas de pierres, ni de morceaux de bois, des serpents pourraient être cachés dessous.
Ne t'éloigne pas sans être accompagné d'un adulte.

SI TU AS LA CHANCE DE VOIR UN SERPENT...

Souviens-toi que bien que la plupart des serpents soient inoffensifs, il ne faut pas les toucher.

Ne bouge pas, et laisse-le se mettre à l'abri.

SI JAMAIS TU ES MORDU PAR UN SERPENT, APPELLE IMMEDIATEMENT UN ADULTE.

JEU DE LA JUNGLE

Suis ce jeune serpent dans la jungle. Pour jouer, il te faudra un dé et des jetons.

ATTENTION - Si tu tombes sur une case noire, il te faudra retourner à la case DEPART.

DEPART

Tu entends quelqu'un arriver. Avance de 3 cases.

Tu traverses la rivière. Avance de 3 cases.

Prends un raccourci. Suis les pierres

Tu prends un bain de soleil. Passe 1 tour.

Tu chasses un lézard. Avance de 4 cases.

Tu t'arrêtes pour boire. Passe 1 tour.

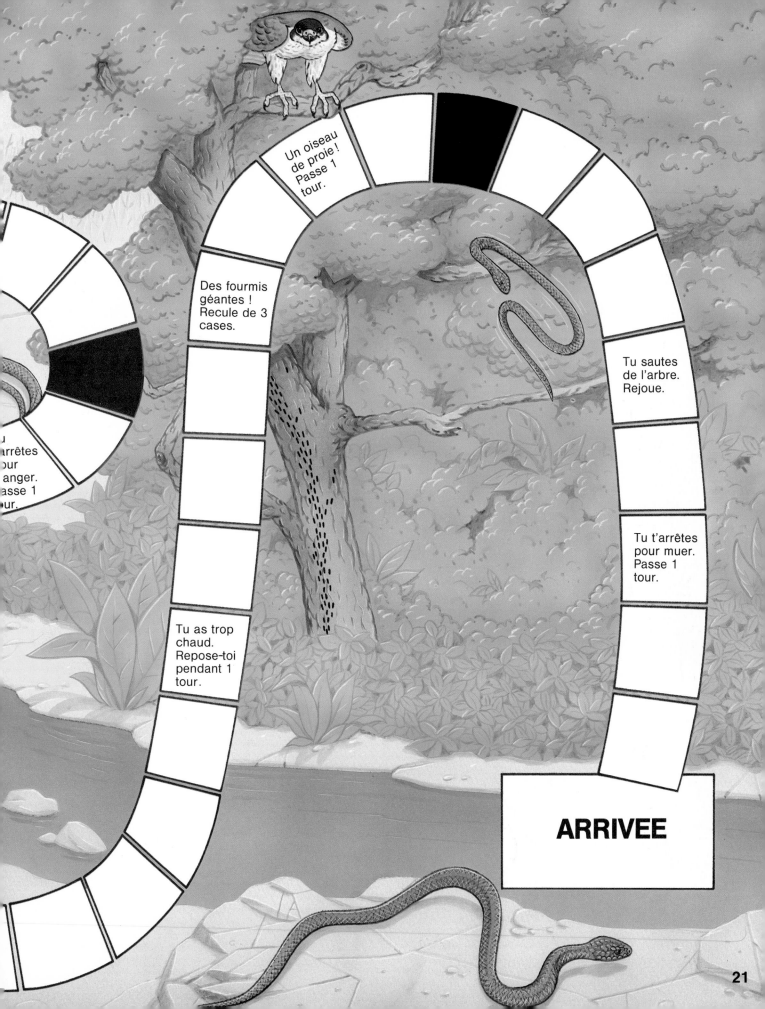

Un oiseau de proie ! Passe 1 tour.

Des fourmis géantes ! Recule de 3 cases.

Tu sautes de l'arbre. Rejoue.

Tu t'arrêtes pour muer. Passe 1 tour.

Tu as trop chaud. Repose-toi pendant 1 tour.

...arrêtes ...our ...anger. ...asse 1 ...ur.

ARRIVEE

MASQUE DE SERPENT

Il y a de nombreuses façons de décorer les masques. En voici quelques-unes.

tissu

gouaches

crayons de couleurs

papiers de couleurs

▶ Pour faire ce masque on a dessiné le tracé de base sur du carton, puis on l'a recouvert de papiers de couleurs découpés.

Essaie de faire un masque. Il te faudra un peu de carton ou de papier fort, un peu d'élastique, ficelle ou lacet, et des ciseaux.

Dessine le tracé de base sur le carton. N'oublie pas les trous pour les yeux et perce deux petits trous de chaque côté du masque.

Découpe soigneusement autour du tracé et maintenant choisis ta décoration. Quand ton masque sera décoré, enfile l'élastique (la ficelle ou le lacet) dans les trous latéraux. Voilà, ton masque est prêt !

TROUVE LES SERPENTS

Il y a 6 serpents cachés dans cette image. Sauras-tu tous les découvrir ?

Un autre animal est également caché dans l'image. Peux-tu dire son nom ?

DES JOURS DANGEREUX

par ROBIN KINGSLAND

Le jeune serpent était resté immobile quelque temps dans l'ombre fraîche du rocher, mais il commença à remuer. Son instinct lui disait que c'était le moment où il devait muer. Sa nouvelle peau était prête et il allait se débarrasser de l'ancienne.

Il s'était caché pendant quelques jours. Aussitôt que sa peau s'était ternie, il s'était mis à couvert sous le rocher. Rester à découvert aurait signifié la mort, au mieux un grand danger. Car tandis que le serpent se préparait à muer, ses défenses étaient réduites. Il était à la merci de n'importe quel oiseau ou animal qui passait. Ses yeux toujours faibles, étaient plus faibles que jamais, recouverts d'un liquide laiteux qui aidait à décoller la nouvelle peau de l'ancienne. Se mettre à couvert était vital jusqu'à ce que la vieille peau soit prête à s'en aller.

Le serpent alla lentement vers la lumière, se frayant un chemin à travers les herbes et les racines. Ouvrant sa gueule en un large bâillement, il sentit la vieille peau fragile et douce se fendre au coin de sa bouche. Il mit son menton contre une pierre et commença à se frotter, en avant et en arrière, jusqu'à ce que la vieille peau commence à céder. En poussant encore, son museau se libéra, et la vieille peau forma un étrange collier

ébouriffé autour de son cou. Il commença à se tortiller sur le sol rugueux, utilisant les nombreux muscles de son dos pour dégager son corps en avant de la vieille peau. C'était long, et dangereux.

Le serpent était à découvert, et il bougeait. Une fois encore, c'était une proie facile, une cible rêvée pour n'importe quel oiseau de proie. Les animaux terrestres n'étaient pas un problème. Le serpent pouvait percevoir la plus petite vibration venue du sol, tandis qu'un oiseau pouvait surgir soudain du ciel, sans avertissement préalable. Il avait vu cela arriver à d'autres serpents. Cela lui était même arrivé...

C'était un jour comme celui-ci, et le serpent se chauffait au soleil quand un grand oiseau l'avait vu et avait plongé. L'oiseau, d'un mouvement puissant, avait saisi le jeune serpent dans ses serres et l'avait emporté, dans un battement d'ailes puissantes, vers son nid sur la haute montagne.

Le jeune serpent aurait pu lutter, mais il ne le fit pas. Il aurait pu essayer de frapper ou de mordre les pattes de l'oiseau, mais il ne le fit pas. Car, comme de nombreux serpents, il préparait une ruse, l'une de ces ruses ancestrales, qui est aussi naturelle aux animaux que leur couleur ou leur façon de se déplacer, aussi naturelle que la respiration.

Voici ce qu'il fit : aussitôt qu'il sentit les serres de l'oiseau le saisir, il resta complètement inerte, laissant son corps se balancer souplement pendant le vol. Quand l'oiseau arriva dans son nid et y lâcha le serpent, ce dernier se mit en rond, comme s'il était mort. Personne ne lui avait appris à faire cela. Il suivait simplement son instinct.

L'oiseau, déçu de constater que ce qu'il avait pris pour de la viande fraîche était en réalité un cadavre, décida de garder le serpent pour plus tard. En quelques battements de ses ailes puissantes, il repartit à la recherche de chair fraîche.

Quelques instants plus tard, quand il fut sûr que l'oiseau était loin, le serpent souleva la tête hors du nid. La descente serait longue, mais centimètre par centimètre, il descendit la montagne, en bas de laquelle se trouvait la liberté.

Enfin le serpent avait fini sa mue. Sa nouvelle peau était brillante, et déployait des couleurs éclatantes. Sa vieille peau gisait derrière lui - un simple tube tout plissé. Avec le temps, le soleil la sécherait, et la brise l'emporterait.

Le danger était passé. Maintenant, à nouveau, c'était lui le chasseur. La période épuisante de la mue l'avait laissé affamé. Il commença à se mouvoir sur le sol accidenté, ses sens aux aguets du moindre signe indiquant qu'une proie, rongeur, lézard ou même insecte était proche.

Il atteignit une zone de terre sèche, parsemée d'herbe rare et dure et de buissons épineux. La chaleur du soleil commençait à fatiguer le serpent. Il avait besoin d'ombre. C'était la seule façon qu'il avait de se rafraîchir. Il s'arrêta sur le sable, à l'ombre d'un petit buisson.

Juste au moment où il pensait qu'il ne trouverait rien à manger, il sentit une vibration. Un bruit de pattes encore très faible, se rapprochait. Il attendit. En agitant sa langue, le serpent pouvait percevoir une odeur. Un petit lézard arrivait dans sa direction. Les vibrations de ses pattes se firent de plus en plus fortes sous le ventre du serpent. Il suffisait d'attendre, d'être prêt.

Quand arriva le moment, le lézard fut rapide, mais le serpent plus rapide encore. Bondissant avec une vitesse fantastique, tel un ressort, il saisit le lézard à la gorge, paralysant l'infortuné. Le lézard arrivait seulement à agiter ses pattes de derrière tandis que le jeune serpent s'enroulait autour de lui. Sous l'étreinte du serpent, le lézard respirait de plus en plus difficilement. A chaque respiration, le nœud se resserrait. Les défenses du lézard s'affaiblissaient. Bientôt il ne put plus respirer du tout, et peu après il mourut.

Alors, sans se presser, le serpent commença à l'avaler. Quand il eut fini, son ventre était gonflé et déformé. Il allait se reposer maintenant. Il se mettrait à l'abri tant que la digestion durerait.

Le serpent se glissa sous une pierre et bientôt il s'endormit.

VRAI OU FAUX ?

Parmi ces affirmations, certaines sont vraies, et d'autres sont fausses.
Si tu as lu ce livre attentivement tu sauras les reconnaître.

1. La plupart des serpents vivent dans des endroits très froids comme le Pôle Nord ou le Pôle Sud.

2. La peau couverte d'écailles les empêche de se dessécher.
3. Certains serpents de mer ont une queue aplatie qui leur sert pour nager.
4. Les serpents ont des paupières épaisses et des cils sombres.
5. Les serpents s'étendent au soleil pour se chauffer.

6. Les serpents se déplacent en actionnant les muscles de leur corps.
7. La langue fourchue des serpents peut flairer la moindre odeur.

8. Les serpents changent de peau régulièrement tout au long de leur vie.
9. Les serpents vivent en groupes familiaux.
10. Les serpents préfèrent manger un gros repas plutôt que plusieurs petits.
11. Les serpents font parfois «le mort» pour tromper leurs ennemis.
12. Les serpents venimeux sont les seuls à avoir des crochets.
13. Les serpents constrictors tuent leurs proies en les étouffant.

14. Les serpents ne peuvent pas mâcher leur nourriture.

15. Tous les serpents pondent des œufs.

INDEX